Oase der Stille   Beat Presser

Benteli Verlag Bern

Oase der Stille

Beat Presser

Das Kloster im Bambuswald

Im Jahre 2546

Der 4. Mai im Jahre 2546 ist ein besonderer Tag. Es ist der Tag des Vollmondes und der Ordination. Ja Ras und Pag Di werden mit 150 anderen Knaben im Alter von sieben bis vierzehn Jahren in einem buddhistischen Kloster in den Orden aufgenommen. Mitten im Bambuswald.

Ja Ras und Pag Di sitzen am Fischteich, unweit vom Kloster, warten auf die Mittagsmahlzeit und unterhalten sich über ihre neue Welt. Ja Ras wird die heissen Sommermonate hier im Kloster verbringen und im Herbst wieder zu seiner Familie in die Stadt zurückkehren. Ein Novize auf Zeit. Pag Di aber wird im Kloster bleiben. Er kommt aus dem Nordosten des grossen Landes und entstammt einer kinderreichen Bauernfamilie. Der Ertrag der Arbeit auf dem Felde ist zu gering, um allen acht Kindern eine Schulbildung zu ermöglichen, und das Leben im Kloster bietet eine gute Ausbildung. Aber es ist nicht nur die Aussicht auf einen Studienplatz, die Pag Di fasziniert. Er fühlte sich immer schon vom klösterlichen Leben angezogen, und so ist

es eine logische Folgerung, dass Pag Dis neues Leben hier am 4. Mai 2546 beginnt. Das Jahr 2546 deshalb, weil dort, wo die Buddhisten leben, die Zeitrechnung mit Lord Buddhas Ableben ihren Anfang nimmt. Vor mehr als zweitausendfünfhundert Jahren.

Ja Ras ist ein Bücherwurm, und die Bibliothek im Kloster vis-à-vis von seinem Geburtshaus ist sein liebster Ort. Dort konnte er einiges über den Buddhismus in Erfahrung bringen, bevor er Anfang Mai im Bambuswald eintraf. «Du, Pag Di, weisst du eigentlich, dass Lord Buddhas Abbild erst viel später und aufgrund von griechischen Göttern entstand?» fragt Ja Ras seinen neuen Freund und beginnt gleich mit der Fortsetzung seiner Geschichte: «Lange Zeit wurde Lord Buddha nur symbolisch dargestellt. Als Baum, als Rad mit acht Speichen, durch seinen Fussabdruck oder als Pagode. Dann aber kam Alexander der Grosse, der nach Ägypten und Persien auch Indien unterwerfen wollte. Das jedoch misslang, und Alexander kehrte nach Babylon zurück. Viele aber, die ihn bei seinem Feldzug begleiteten, waren Händler, Schauspieler, Gaukler, Künstler, einige von

ihnen blieben in Indien zurück und wurden Buddhisten. Sie konnten es sich nicht vorstellen, Lord Buddha zu verehren, ohne sich ein Bildnis zu machen, und so begannen sie Buddhafiguren zu entwerfen. Und da sie noch oft an ihre alte Heimat dachten, sieht Lord Buddha demnach ein wenig griechisch aus!»

Pag Di ist nicht übermässig beeindruckt von Ja Ras' Mutmassungen. Die historische Figur Siddhartha Gautama in allen Ehren, dass er aber nicht mehr rumrennen und rumtoben darf, wie er es gewohnt ist, das beschäftigt ihn viel mehr. Pag Dis Mutter ist nach der Ordination abgereist, und da sitzt er nun im Bambuswald, allein und klein, noch keine neun Jahre alt.

Lord Buddha

Akinjano, der Grossvater von Pag Di, hatte sein ganzes Leben lang im Reisfeld gearbeitet, und nachdem seine Frau Kancha Na vor einigen Jahren verstorben war, beschloss er, seinen Lebensabend in Abgeschiedenheit zu verbringen. Er zog ins Kloster am Waldrand und widmete sich von nun an dem Dhamma und der Meditation. Akinjano konnte weder lesen noch schreiben, aber er war ein meisterhafter Erzähler, hatte ein brillantes Gedächtnis und kannte unzählige Geschichten von Lord Buddha. So kam es, dass der kleine Pag Di nach der Arbeit im Reisfeld den Grossvater im Kloster besuchte und seinen Erzählungen zuhörte.

Am Abend vor Pag Dis Abreise in den Bambuswald erzählte ihm der Grossvater Akinjano folgende Geschichte: «In seinem vorletzten Dasein lebt der Bodhisattva als ein Gott in einem der vielen Himmel im Universum. Bodhisattva schaut auf die Erde und beschliesst, noch ein einziges Mal als Mensch geboren zu werden, um den Menschen den Weg zur Befreiung von den Leiden zu zeigen. Und so wird er als Siddhartha Gautama, Sohn der Königin Mahamaya und von Suddhodhana, dem König der Sakyas, im Lumbini Park in Indien wiedergeboren. Die Geburt ist von vielen Wundern begleitet. Licht breitet sich über die ganze Welt aus, die unzähligen indischen Götter beginnen zu tanzen und zu singen. Brahma, der Schöpfer, und Indra, der Gott des Himmels und des Sturmes, sind zugegen, als der werdende Buddha unmittelbar nach der Niederkunft sieben Schritte in die vier Himmelsrichtungen macht. Wo er hintritt, spriessen Lotusblumen aus dem Boden.

Einige Tage nach Siddharthas Geburt erscheint der Seher Asita am Hofe. Nachdem er das neugeborene Kind gesehen hat, offenbart er der Königin und dem König: ‹Euer Sohn wird ein grosser universeller Monarch oder aber Lord Buddha.›

Wenig später stirbt Siddharthas Mutter Mahamaya, und ihre jüngere Schwester Mahapajapati widmet sich der Erziehung Siddharthas. Der junge Prinz wächst inmitten von Prunk und Reichtum auf und wird von den Weisen des Landes unterwiesen. Suddhodhana will, dass Siddhartha so wie er selbst König wird. Er schirmt seinen geliebten Sohn von den Leiden der Welt ab und hofft, dass Siddhartha sich für das Weltliche entscheide.

Als Siddhartha erwachsen ist, verlässt er trotz des Verbots seines Vaters viermal den Palast. Bei diesen Ausfahrten hinaus in die Welt begegnet er einem Alten, einem Kranken, einem Toten und einem Asketen. Tief erschüttert ob dem irdischen Elends verlässt er den Palast, seine Frau Yasodhara und den eben erst geborenen Sohn Rahula und wird in der indischen Tradition der Entsagung ein wandernder Bettelmönch und Asket.

Sechs Jahre lang versucht sich Siddhartha in den verschiedensten Formen der Meditation. Er unterzieht sich strengster Selbstdisziplin und fastet, bis er zum Skelett abgemagert ist. Immer auf der Suche nach der Wahrheit. Völlig entkräftet muss er erkennen, dass dieser Weg nicht zur Erkenntnis führt. Er verzichtet daher auf schmerzvolle Kasteiungen und begibt sich auf den moderaten Weg der Mitte. Siddhartha nimmt ein Bad im Fluss und wieder Nahrung zu sich, setzt sich unter einen grossen Feigenbaum und fällt in tiefe Meditation.

Da erscheinen ihm die drei wunderschönen, harmlos scheinenden Töchter von Mara. Sie wollen Siddhartha mit edlen Gaben verführen und von seinem Weg abbringen. Maras Töchter aber verkörpern Habsucht, Ignoranz, Unzufriedenheit, Angst, Verlangen und andere Untugenden.»

Hier unterbrach Pag Di die Rede von Akinjano und wollte wissen: «Und wer ist Mara?» Der Grossvater hielt einen Moment inne, goss etwas Tee nach und nahm dann

seine Erzählung wieder auf: «Mara ist der Herr der Finsternis, er symbolisiert den ewigen Zyklus von Geburt und Tod, von Wiedergeborenwerden, Altern und Sterben, Leid und Elend. Nur wem es gelingt, diesen ewigen Zyklus zu durchbrechen, wird ins Nibbana eingehen. Mara will Siddhartha dazu bewegen, sein Streben nach der Wahrheit aufzugeben. Siddhartha aber weigert sich, und ein aufgebrachter Mara schickt eine Armee von Kriegern, begleitet von schrecklichen Stürmen und Fluten. Aber List und Angriff sind vergebens, die flammenden Pfeile der Angreifer werden zu Lotusblüten, und Mara ergreift die Flucht. Siddhartha verbleibt in tiefer Versenkung, und in der Vollmondnacht des Monats Mai erblickt er die grosse Wahrheit und wird ‹der Erwachte›. Der Bodhisattva ist Lord Buddha geworden, der heilige Wandel ist vollendet.»

Hier endete der erste Teil von Akinjanos Erzählung, und Pag Di nutzte die Gelegenheit, eine weitere Frage zu stellen: «Aber wieso, Grossvater, will Mara denn, dass Siddhartha direkt ins Parinibbana eingeht?» «Das ist ganz einfach, Pag Di», meinte Akinjano, «wäre Siddhartha damals unter dem Bodhi-Baum ins Parinibbana eingegangen, dann wäre der Menschheit die erlösende Lehre vorenthalten geblieben und wir hätten für immer im Dunkeln verharrt.»

Die Erklärung machte Sinn, und Pag Di war ganz gespannt auf den weiteren Verlauf der Geschichte. Inzwischen war es Abend geworden, der Himmel begann sich zu verfärben. Die leichte Brise war abgeflaut. Es war noch immer heiss und feucht, und die Moskitos nahmen ihre Arbeit auf. Akinjano zündete einen Moskitocoil an und erzählte weiter: «Lord Buddha verweilt noch einige Tage unter dem Bodhi-Baum. Er erinnert sich an seine eigenen und an die früheren Daseinsformen aller anderen Wesen und ist sich um das Wissen der Vier Edlen Wahrheiten bewusst:

Leben bedeutet Leiden, und die Ursache des Leidens liegt in der Begierde. Wenn die Begierde wegfällt, vergeht auch das Leid, und dies wird erreicht, indem man den Weg der Mitte und somit den Edlen Achtfachen Pfad begeht. Der Edle Achtfache Pfad besteht aus rechter Erkenntnis, rechter Gesinnung, rechter Rede, rechtem Verhalten, rechtem Leben, rechter Anstrengung, rechter Achtsamkeit und rechter Konzentration.

Von Bodh Gaya wandert Lord Buddha nach Sarnath bei Varanasi. Hier setzt Lord Buddha das Rad der Lehre in Bewegung und erteilt seine erste Belehrung. Diese Belehrung, zugleich Kern der buddhistischen Lehre, erörtert die Vier Edlen Wahrheiten und den Edlen Achtfachen Pfad als Verhaltensregeln im Leben. Lord Buddha erklärt, wie die Heilung vom Leid erfolgt und dass jeder Mensch Mitgefühl für sein Gegenüber entwickeln solle. Jede und jeder besitze die Fähigkeit und die Kraft, sich selbst zu vertrauen und zu vervollkommnen.

In den kommenden 45 Jahren zieht Lord Buddha lehrend als einfacher Bettelmönch mit einer grossen Anhängerschaft durch die Lande und fordert die Leute auf, Selbstverantwortung zu tragen und umsichtig zu sein. Am Ende seiner Wanderschaft nimmt Lord Buddha Abschied von den Mönchen und geht ins Parinibbana ein. Das Ereignis ist begleitet von grossen kosmischen Phänomenen. Gewaltige Beben erschüttern die Erde, die Trommeln der Götter ertönen und Lotusblüten fallen vom Himmel.»

Inzwischen war es dunkel geworden, einige Mönche versammelten sich zur Abendmeditation, Akinjano trank seinen Tee und Pag Di war ganz begeistert von der Erzählung seines Grossvaters. Tanzende Götter, der Seher Asita, die Trommeln der Götter, ein Wasserstrahl vom Himmel, Lotusblüten in der Luft; so schön hatte ihm noch niemand die Geschichte von Lord Buddha erzählt. Und morgen in aller Früh wird er zusammen mit seiner Mutter ins Kloster im Bambuswald reisen.

Aufzeichnungen zur Fotogeschichte «Oase der Stille» von Beat Presser

Am Tag der zweiten Jahrtausendwende stehe ich am Indischen Ozean in Mahabalipuram und frage mich: «Wie weiter jetzt? In Indien verbleiben, zurück nach Europa oder weiter nach Fernost?» Ich war vom Max Müller Bhavan nach Chennai eingeladen worden, um einen Filmworkshop zum Thema ‹Docu-Drama› zu leiten. Umgeben von indischer Mystik, religiösem Gedankengut, Tempeln, Shivas, Ganeshas, heiligen Kühen, Ragas, Steinskulpturen, Ramayana, Gurus und vielem mehr kommt mir mein Wunsch wieder in den Sinn, mehr über den Buddhismus zu erfahren. Ich erinnere mich an meine früheren, ausgiebigen Reisen in Asien, und ich habe ein Versprechen einzulösen.

Also verlasse ich Indien und fahre gegen Osten bis Kanchanaburi. Von dort aus nach Norden, Richtung Three Pagoda Pass, bis nach Thong Pha Phum. Thong Pha Phum, umgeben von vielen Bergen, heisst etwa soviel wie «Auf dem Berg gibt es Gold». Ich will mich vorerst einmal hier in der Gegend umsehen und spaziere durch die kleine Stadt. Neben kleinen Märkten und Geschäften dominieren amerikanische Supermarktketten die Stadtlandschaft. Die Kooperation der Thais mit den Amerikanern während des Vietnamkrieges hat tiefe und sichtbare Spuren hinterlassen. Nicht nur in Thailands Hauptstadt. Die Amerikanisierung ist inzwischen bis in die hinterste Provinz vorgedrungen. Etwas konsterniert ob dieser Tatsache frage ich den nächstbesten Ladenbesitzer, wo sich das nächste Kloster befindet. Er deutet Richtung Stadtausgang und sagt, ich solle weiter nach Norden gehen. Eine Viertelstunde später stehe ich vor einem zwölf Meter hohen weissen Buddha. Ich fertige einige Fotografien an und mache mich auf den Nachhauseweg.

Am Strassenrand steht ein rotes, flottes und gut erhaltenes BMW Cabriolet aus den frühen sechziger Jahren. An einem Tisch sitzen bei Mekong und guter Stimmung drei Herren Mitte Dreissig. Alle strahlen und einer von ihnen winkt mir zu, ich solle mich doch dazusetzen. Wenig später palavere ich gemeinsam mit den drei sympathischen Herren in einer mir fremden Sprache. Dann nimmt der Abend und damit mein Aufenthalt in der Region Kanchanaburi eine unerwartete Wendung. Ein grosses Fahrzeug hält vor dem

Haus und die jüngere Schwester der drei Gastgeber entsteigt dem übergrossen Auto. Was ich damals noch nicht wusste, war folgendes: Sirisopa war Geschäftsfrau und gleichzeitig auch die Arbeitgeberin der drei Brüder. Sie hatte bei einem Besuch am Three Pagoda Pass einen Neuseeländer kennengelernt, der dort seinen Job verloren hatte und verzweifelt nach einer neuen Beschäftigung suchte. Da Sirisopa ihr Geschäft auch auf andere asiatische Länder ausweiten wollte und dazu ihre Englischkenntnisse verbessern musste, bot sie dem besagten Neuseeländer einen Job als Englischlehrer an. Dieser so dringend gesuchte Lehrer war aber nie aufgetaucht, und als ich nichts ahnend die Strasse entlang geschlendert kam, war die Sache für die drei klar: Das ist der besagte neuseeländische Englischlehrer! Also wurde Sirisopa per Mobilfunk benachrichtigt. Und da steht sie nun und will mich nach kurzem Gespräch als ihren persönlichen Englischlehrer engagieren. Sie wolle Hotel und Kosten übernehmen und mir auch noch gleich einen Lohn bezahlen. Es bedarf meiner ganzen Überredungskunst und längerer Klarstellung, um zu verhindern, dass ich heute in Thong Pha Phum als Englischlehrer arbeite. Aber wir kommen zu einem für beide Parteien guten Arrangement. Sirisopa und ihre Brüder wollen mir die Klöster in der Umgebung zeigen, als Gegenleistung soll ich, solange ich in der Gegend weile, englische Konversation mit Sirisopa betreiben. Wir trinken noch einige Mekongs, amüsieren uns köstlich und schliesslich fährt mich Sirisopas Bruder Puchong mit seinem roten BMW ins Hotel.

Andertags hat Sirisopa in der Gegend zu tun und fragt mich, ob ich sie begleiten wolle. Gerne würde sie hier und da einen Stopp in einem Kloster einlegen; ich solle einfach ab und zu ihr Englisch korrigieren. Sirisopa hat vor einiger Zeit und dank ihrem damaligen Mann eine Lizenz für den Verkauf von Alkohol und somit auch das Monopol für den Vertrieb von Whiskey nördlich von Kanchanaburi bis zum Three Pagoda Pass erworben. Das Geschäft scheint nicht ganz ungefährlich, sie öffnet ihre Tasche und bringt einen schweren Revolver zum Vorschein. Während der Fahrt gibt sie mir einen kleinen Einblick in ihr Leben. Sirisopa hat mit 19 Jahren geheiratet und drei Kinder in die Welt gesetzt. Nach neun Jahren hat ihr Mann, ursprünglich Polizist von Beruf, seine Tätigkeit an den Nagel gehängt und sich irgend-

welchen Geschäften sowie einer jüngeren Frau zugewandt. Ohne finanzielle Zuwendungen für die Familie von ihrem damaligen Mann war sie gezwungen, sich nach einer Tätigkeit umzusehen. Und wurde, wie sie sich selber bezeichnet, zur ‹business woman›. Heute floriert ihr Geschäft mit Spirituosen, und sie ernährt nicht nur ihre Familie, sondern sorgt gleichzeitig auch noch für die Familien ihrer drei Brüder, die für sie unterwegs sind und Spirituosen im Land herumfahren. Heute will Sirisopa abklären, wieso eines der Geschäfte weiter südlich von Thong Pha Phum schlecht arbeitet und der Besitzer des Ladens das verabredete Kontingent nicht einhält. Ich muss an ihre Pistole denken und konzentriere mich darauf, ihr Englisch zu korrigieren. Nachdem die Geschichte mit dem schlecht arbeitenden Ladenbesitzer aufgeklärt ist, machen wir halt in einem buddhistischen Kloster, wo ein Krokodil und ein Ganesha über das Kloster wachen. Nur ein einziger Mönch ist zu finden, und das Ganze macht mir einen eher unfertigen Eindruck. Ich wundere mich darüber, aber Sirisopa kennt den Grund: Irgendjemand hat in dieser Gegend Gold vermutet und woll-

te den Berg abtragen, damit aber das Ganze nicht auffiel, beschloss der Betreffende, ein Kloster zu bauen. So konnte er problemlos und lastwagenweise Sand abtragen, ohne dass jemand etwas zur Kenntnis nahm. Allerdings stellte sich die Goldgrube als Flop heraus, und so thront nun ein verlassenes, unfertiges Kloster an der Strasse und harrt seiner Vollendung. Inzwischen ist es heiss geworden und wir hungrig. Wir machen halt im Restaurant beim Burmesen. Ich spreche den Herrn auf die Goldgeschichte an. Er weiss aber von nichts und will mir weismachen, er spreche kein Englisch. Zudem habe er zu jener Zeit, als der Ganesha und das Krokodil entstanden, nicht in der Gegend gelebt. Ich insistiere, und plötzlich ändert der Wirt seine Meinung und erinnert sich an folgendes: Das Ganesha-Kloster sei zwar verlassen, aber bei einem anderen Kloster unweit von hier werde nach wie vor nach Gold gegraben. Die Sache sei in den Händen eines gewissen Polizisten namens Tschu, ihm sei der Plan eines alten Thais in die Hände gefallen, und in jenem Berg hinter dem Kloster seien Unmengen von Gold vergraben. Während des Zweiten Weltkriegs hätten die

Japaner in dieser Gegend grosse Territorialgewinne gemacht und ganze Länder unterjocht. Als sich das Blatt dann allerdings zugunsten der Alliierten und zu ungunsten der Japaner wendete, seien sie bei ihrem Rückzug gezwungen gewesen, all das gestohlene Gold, das sie im Laufe der Zeit angehäuft hatten, zurückzulassen. So sei tonnenweise Gold vergraben worden und läge bis heute da und dort in der Gegend versteckt.

Zum Schluss gibt uns der Restaurantbesitzer noch einen Tipp: Wir sollen nachts in jenem Kloster etwas nördlich von hier vorbeischauen, dort könnten wir die Schatzsucher beobachten. Hier in der Gegend gibt es also nicht nur Gold auf, sondern auch im Berg.

Spät am Abend fahren Sirisopa, ihr Bruder Puchong und ich zu dem geheimnisumwobenen Kloster. Am Klostereingang steht ein argwöhnisch dreinblickender Mann, als ob er etwas bewache. Sirisopa heisst mich im Wagen bleiben und schickt Puchong, um mit dem Mann zu verhandeln. Fünf Minuten später kommt er zurück und meint, wir sollen mitkommen. Sirisopa schnallt sich die Pistole um, ich lege mir

die Leica zurecht. Der Mann weist uns den Weg und zieht sich zurück. Wir tappen im Dunkeln, und nach kurzer Zeit stehen wir am Berg vor einem Riesenloch, das schwach beleuchtet ist. Hier muss es sein. Wir hören Stimmen. Das Ganze wirkt unheimlich und nicht ungefährlich. Der Berg scheint ausgehöhlt, immens viel Arbeit und Geld müssen hier investiert worden sein. Und während wir der Höhle näherkommen, vergrössert sich die Distanz zwischen Sirisopas Bruder und uns zusehends. Sirisopa meint nur verächtlich, Puchong hätte Angst, hält ihre Hand aber vorsichtshalber an der Pistole und wandert wacker mit mir auf die Grube zu. Dann wird aber auch ihr angst und bang und sie fragt mich, ob ich ihr denn auch beistehen würde, falls etwas passieren würde. Ich beruhige sie und meine nur, sie solle sich keine Sorgen machen.

Schliesslich stehen wir vor dem verdutzten Polizisten Tschu und seinen Mannen. Sirisopa und Tschu, so stellt sich heraus, kennen einander. Er wollte sie früher vergeblich als Partnerin für sein Unternehmen gewinnen, und Tschu freut sich über unseren unerwarteten Besuch. Alle Bedenken sind schlagartig verflogen. Ich erhalte die Erlaubnis zu fotografieren, unter der Bedingung, dass keines der Bilder in der lokalen Presse erscheint. Welch ein Wahnsinn! Ein Riesenloch, zwanzig erwachsene Männer, alle dem Goldrausch verfallen. Bei unsäglicher tropischer Hitze, mitten in der Nacht, getrieben von einem Gedanken nur: Gold!

Wie sollen die Japaner je bei ihrem raschen Rückzug so tief in der Erde ihr Raubgut versteckt haben? Ein mir unbegreifliches Unterfangen. Aber Tschu belehrt uns eines Besseren, das Gold sei nahe, sie könnten es jeden Tag finden. Tschu muss es wissen. Seit sieben Jahren buddeln er und seine Männer schon nach dem sagenumwobenen Schatz. Wenn auch bisher erfolglos, aber das Blatt werde sich in diesen Tagen wenden. Wir wünschen viel Glück und verlassen diesen verrückten Ort.

Auf der Nachhausefahrt steht auf der Gegenseite der halbe Berg in Flammen. Die Schäden am Wald und an der Natur sind nicht wiedergutzumachen. Riesige Wälder sind in einigen wenigen Jahren kurzfristigem Denken zum Opfer gefallen. Und noch immer brennen ganze Berge. Nacht für Nacht. Inzwischen ist zwar das Abbrennen von Wäldern und die Urbarmachung des Urwaldes verboten und strafbar, aber niemand scheint sich gross darum zu kümmern. Und die Polizei, die dafür zuständig wäre, buddelt nach Gold.

Ordination

Tags darauf fahren wir mit Sirisopas ganzer Familie Richtung Norden. Hier und dort machen wir halt, um Buddhastatuen zu fotografieren. Geduldig warten alle, bis meine Ausschnitte auf Zelluloid gebannt sind. Die Statuen, meist aus Gold, sind faszinierend und zweifelsohne geht eine starke, spürbare Ausstrahlung und Kraft von den Buddhastatuen aus. Kurz vor Sangkhlaburi machen wir am Waldrand halt. Unweit von hier und tief in einem Bambuswald befindet sich ein Kloster. Sirisopa spricht mit einem Mönch, wenig später werden wir vom Abt des Klosters empfangen. Ich trage mein Anliegen vor, Sirisopa übersetzt, und der Abt scheint angetan von meinem Vorhaben, über buddhistische Mönche und Klöster berichten zu wollen. Er schlägt vor, ich solle in einem Monat wieder hier im Kloster vorbeikommen.

Anfang April fände eine grosse Ordination statt, bei der 150 Knaben ins Mönchsdasein eingeführt würden. Man schere ihnen aus diesem Anlass die Haare, zudem werde Meditation geübt, Schriften würden studiert und nach einem Monat unternähme die ganze Klostergemeinschaft einen mehrtägigen Spaziergang im nahen Urwald. Ich bedanke mich und verspreche, Anfang April zurück zu sein.

Damals in Sukhothai

Es bleiben mir vier Wochen Zeit, und ich fahre nach Sukhothai, der Hauptstadt des ehemaligen Königreiches Siam. Gegen Ende meines Aufenthaltes gehe ich ein letztes Mal im historischen Park spazieren. Junge Männer spielen Fussball, andere üben sich in Tai Chi. Gemächlich spaziere ich durch den wohltuenden und erholsamen Garten. Inzwischen bin ich alleine hier, der Tag ist der Nacht gewichen und eine angenehme Ruhe macht sich breit.

Mit einem Mal weckt ein seltsames Treiben meine Aufmerksamkeit. Von weitem sehe ich kleine Lichter, nehme Bewegung wahr und höre Musik. Keine 150 Meter von mir entfernt, bei einem der vielen Tempel, erwacht etwas zum Leben. Mitten in der Nacht, ohne jegliche Ankündigung und Eintrittsbillet. Langsam nähere ich mich dem regen Getue, überquere eine schmale lange Brücke und bin mitten in ungewohntem Geschehen. Ich zücke meine Leica und beginne, ohne auch nur zu fragen, den Auslöser zu betätigen. Wo bin ich? Was geht hier vor? Niemand scheint mich wahrzunehmen, niemand macht auch nur die geringsten Anstalten, mich von meinem Vorhaben, Momente einer anderen Epoche festzuhalten, abzubringen. Ich bin fasziniert. Bin ich im Sukhothai des 13. Jahrhunderts gelandet? Keines der Gesichter, die ich hier sehe und die im erhellten Blitzlicht so schön zur Geltung kommen, habe ich jemals im Thailand des 21. Jahrhunderts ausmachen können. Hier bereiten sich Prinzessinnen und Prinzen aus einer anderen Zeit zum Tanz vor. Gesichter und Menschen von anderswo und einer anderen Zeit geben sich hier ein Stelldichein. Es wird geschminkt, geprobt, gelacht, niemand spricht ein Wort, und nach wie vor werde ich nicht beachtet. Träume ich oder ist es meine Wahrnehmung, die mich irreführt? Und schliesslich, gute zwei Stunden muss das Ganze wohl gedauert haben, gibt mir eine der Tempeltänzerinnen ein stummes Zeichen, ich solle mitkommen auf die andere Seite des Tempels. Still und ehrfurchtsvoll schleiche ich mich zur anderen Seite und betrachte das faszinierende, bewegte und farbenfrohe Treiben. Mit einem Mal steht jemand hinter mir, reisst mich aus meinem Traum und meint mit tiefer Stimme: «Willkommen junger Mann, treten Sie näher, ich bin der Kulturbeauftragte der Stadt Osaka und beabsichtige, diese Truppe aus Sukhothai in unsere Stadt zum jährlichen Tanzfestival einzuladen. Und, hat sie Ihnen gefallen, die Performance? Toll, nicht!» Mir fehlen die Worte und ich bin zurück in einer heissen Nacht im März bei 33 Grad Celsius in Sukhothai.

Um eine mystische Erfahrung reicher kehre ich einige Tage später ins Kloster im Bambuswald zurück, lerne Pag Di und Ja Ras kennen und beginne meine fotografische Arbeit für dieses Buch.

Zwei Jahre später

Sri Lanka. Insel im Indischen Ozean. Geplagt von jahrelangem Bürgerkrieg scheint es jetzt seine Ruhe wiedergefunden zu haben. Wahlen stehen bevor, die Lage ist angespannt, aber das Volk und dessen Vertreter sind darauf erpicht, nicht wieder in die Barbarei zurückzufallen. Die aufgerissenen Gräben, die das Land jahrelang gespalten haben, wollen zugeschüttet sein, um gemeinsam die Zukunft zu bestreiten. So wenigstens scheint die Lage, als ich Mitte März frühmorgens den Bus besteige, um nach Mihintale zu fahren. Mihintale liegt im Norden des Landes und hat eine enorme Bedeutung für alle gläubigen Buddhisten im In- und Ausland. Hier an diesem heiligen Ort hat der Buddhismus im Jahre 247 v. Chr. auf Sri Lanka Eingang gefunden und sich später über die ganze Insel ausgebreitet. Ich erklimme die vielen Treppen und steige immer höher, bis ich weit oben die Pagode und den heiligen Platz erreiche. Ein Mönch verlangt einen Obolus, ein anderer fegt den heiligen Boden, ein dritter ist in tiefe Meditation versunken. Ich lasse mich nieder, weit oben unweit der Pagode, schaue hinunter auf das herrlich bewaldete Umland und staune ob

der Schönheit und der Stille, die sich mir offenbaren. Ich bin ganz allein, noch niemand hat heute und so früh den heiligen Berg und seine unzähligen Treppen zur Pagode bestiegen. Ein leichter Luftzug macht die grosse Hitze erträglich. Ich lasse mich nieder und meinen Gedanken freien Lauf.

Gut vier Jahre sind es her, seit ich damit begann, meine fotografische Geschichte zum Theravada-Buddhismus zu realisieren. Der Entschluss dazu liegt allerdings über 30 Jahre zurück. Anfang der siebziger Jahre hatte ich mich in Thailand bei einem Autounfall schwer am Rücken verletzt und konnte weder gehen noch stehen. Nach einer Untersuchung im Spital wurde ich ins nahe buddhistische Kloster verwiesen und der Obhut der Mönche überlassen. Nach fünf Tagen absoluter Immobilität nahm sich der Abt, ein landesweit bekannter Heiler, meiner an. In seltsamen Massagen mit Mitteln, die unserer westlichen Medizin völlig fremd sind, begleitet von geheimnisvollen Gesängen und Gerüchen unterzog mich der Abt mehrmals täglich einer Behandlung. Ich wohnte in seiner Kuti und bekam so einen Einblick in das Leben buddhistischer Mönche. Drei Wochen später wurde ich als geheilt entlassen, ich konnte wieder gehen, die Schmerzen waren gänzlich verschwunden. Damals habe ich den Entschluss gefasst, sollte ich je der Fotograf werden, der ich werden wollte, würde ich später einmal nach Südostasien zurückkehren und eine Geschichte über den Buddhismus realisieren.

Und während ich hoch oben bei der Pagode sitze und in die weite Landschaft staune, höre ich Stimmen. Es sind Mon aus dem Süden von Myanmar. Abkömmlinge einer uralten Kultur, die über Tausende von Jahren das Gebiet von Kambodscha bis Myanmar beherrscht haben. Wir kommen ins Gespräch. Die Mönche sind Studenten aus Yangon und auf Pilgerfahrt durch Sri Lanka und Indien. Heute weilen sie in der alten Königsstadt Anuradhapura und freuen sich darüber, jemanden anzutreffen, der ihr Land kennt und ihnen Fotografien von Klöstern und Mönchen aus Teilen Myanmars zeigt, die sie selber gar nicht kennen. Ich erzähle ihnen von meiner mehrjährigen fotografischen Recherche, die mich nach Indien, Thailand, Myanmar, Laos und jetzt Sri Lanka geführt hat. Von meinem geplanten Buch und von Erlebnissen in Myanmar. Die Mönche laden mich ein, sie zu

begleiten, wir steigen ins Auto, fahren von einem historischen Wunderwerk zum anderen und verbringen gemeinsam den Tag.

Buddhistische Mönche reisen gerne, und so haben wir vieles gemeinsam. Es sind gläubige und finanzstarke Buddhisten, die ihnen diese Reisen ermöglichen; für Nahrung und Unterkunft sorgen die jeweiligen Klöster im Reiseland. Dieses System, ein gut funktionierendes Netzwerk, finanziert unzähligen Mönchen das Unterwegssein und die Pilgerfahrten zu den vielen heiligen Wallfahrtsorten in ganz Südostasien. Als die Nacht einbricht, sitzen wir unter dem heiligen Maha-Bodhi-Baum in Anuradhapura. Dieser Platz ist normalerweise Mönchen und hohen Würdenträgern vorbehalten, aber die Sterne stehen gut für mich, und so sitzen wir zusammen oben auf der Tempelanlage unter dem heiligen Baum, während unten Hunderte von Pilgern Lord Buddha ihren Respekt zollen. Ein Zweig des Bodhi-Baumes aus Bodh Gaya, unter dem Lord Buddha vor ungefähr 2 600 Jahren erwacht ist, wurde hier an diesem Orte wenig später gepflanzt. Es war Sanghamitta Theri, die den Zweig von Bodh Gaya nach Sri Lanka brachte. Der Baum existiert noch heute in seiner ganzen Pracht, und sämtliche Bodhi-Bäume im Lande sollen Abkömmlinge jenes einen Baumes aus Anuradhapura sein.

Jeder Tag hier auf der Insel, von der Marco Polo behauptet hat, sie sei die schönste der Welt, bringt Neues und Unerwartetes. Eines Morgens fährt mich ein befreundeter Tuk-Tuk-Fahrer zu einer Einsiedelei, dem Kloster in Dimbulagala, an einem See und einem Berg gelegen. Ein Mönch kommt mir entgegen, fragt nach dem Grund meines Besuches und bittet um einen Moment Geduld. Wenig später sitze ich dem High Priest, so wird der Abt hier genannt, einem imposanten und hochverehrten siebzigjährigen Mann gegenüber und schildere ihm mein Anliegen. Nach kurzem Gespräch werde ich entlassen, mit der Erlaubnis, den Tagesablauf der Mönche fotografisch festzuhalten. Der Alltag der Mönche und Novizen ist streng. In Dimbulagala beginnt der Tag fünf Uhr morgens mit Meditation. Gegen sieben Uhr wird ein Frühstück eingenommen, bevor das Studium der Heiligen Schriften in der Pali-Sprache beginnt. In der Pause wird geduscht, die Kuti gereinigt und im Anschluss wird das Studium fortgesetzt bis zum Mittagessen.

Hier auf Sri Lanka in den grossen Klöstern, zu denen auch jenes von Dimbulagala zählt, gehen die Mönche nicht wie anderswo auf Wanderschaft mit ihrer Schale, um Nahrung zu erbetteln. Hier sind es die Gläubigen, die aus allen Landesteilen mit dem Bus herbeikommen, um Mönchen und Novizen Nahrung und Geschenke zu bringen und um dem High Priest zuzuhören, wie er den Dhamma weitergibt. Eine komplizierte Logistik ist vonnöten, damit an 365 Tagen im Jahr die Leute im Land so zirkulieren, dass Tausende und Abertausende Gläubige die Klöster besuchen und ihre Gaben niederlegen können. Dass jedes Kloster täglich bedient wird und Besucher empfangen kann, ohne dass es Überschneidungen gibt.

Der High Priest ist ein kluger und charismatischer Mann, und das Publikum ist fasziniert von seiner Rede. Obwohl ich selber kein Wort verstehe, von dem, was hier gesprochen wird, bin ich in seinen Bann gezogen. Nach dem Mittagessen, es ist die letzte Nahrung am Tag für Novizen und Mönche, und der Rede des Priesters fahren die Leute in ihren Bussen wieder nach Hause. Nach einer kurzen Ruhepause widmen sich die Mönche erneut der Meditation und dem Studium. Mit kurzen Unterbrechungen bis zehn Uhr abends. Hier in Dimbulagala wird viel Wert auf Meditation gelegt, und die älteren Mönche sitzen bis zu acht Stunden am Tag tief versunken und meditierend vor ihren Kutis oder ihren Höhlen. Innerhalb der Meditation kann der Meditierende verschiedene Stufen erreichen. Wer die höchste Stufe erreicht, dem ist es möglich, seine Vorleben und zukünftigen Leben zu erfassen und zu deuten. Auch begreift der Meditierende vergangene und zukünftige Leben anderer Lebewesen.

Nach ein paar Tagen im Kloster mit bemerkenswerten, aber auch amüsanten Begegnungen und Erfahrungen will ich mich beim High Priest bedanken und verabschieden. Beim Tee reden wir von diesem und jenem, und er erzählt mir ein wenig von der Vergangenheit und der Zukunft des Klosters hier im Wald. Mit einem Mal unterbricht er seine Rede, schaut mir tief in die Augen und meint: «Vor 400 Jahren und als Dimbulagala in seiner Hochblüte stand, gab es hier in diesem Wald eine buddhistische Universität mit Tausenden von Studenten. Und du warst einer davon, und deshalb bist du heute hierher zurückgekehrt!»

Ordination und das Leben im Kloster

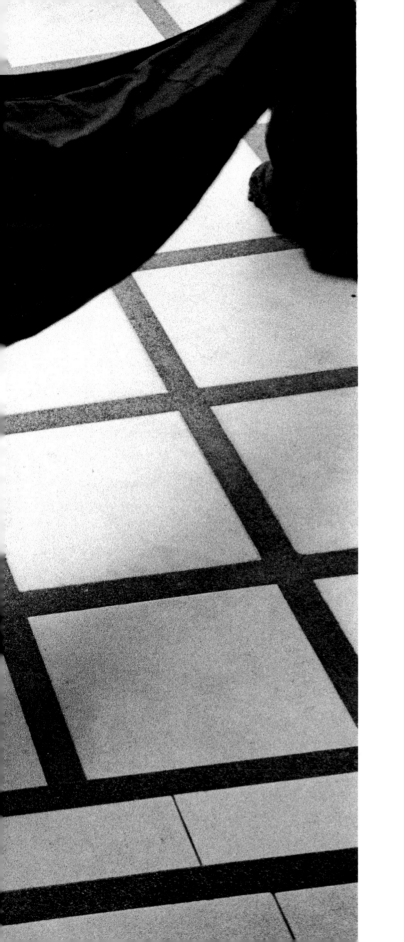

Ja Ras und Pag Di

Ja Ras und Pag Di gefällt ihr Novizendasein. Vor ein paar Tagen wurden sie vom Bambuswald in ein grösseres Kloster disloziert. Hier wird viel Wert auf das Studium der Pali-Schriften gelegt. Keine einfache Angelegenheit für Pag Di, der bis jetzt nie Gelegenheit hatte, zur Schule zu gehen. Er muss gleich in zwei Sprachen schreiben und lesen lernen. In Pali und in der Landessprache. Die Umsiedelung der 150 Novizen vom Bambuswald in das grosse, weisse Kloster etwas weiter im Norden ist eine faszinierende Reise gewesen. Unterwegs machten sie halt beim Kloster auf dem Floss aus Teakholz. Mitten in einem grossen See. Dort leben in aller Abgeschiedenheit und Ruhe zwei Mönche. Ein alter und ein junger Mann, und beide sind mit dem Studium der hinduistisch-buddhistischen Kosmologie beschäftigt.

«Eine wahre Oase der Stille», meinte Ja Ras zu Pag Di, als sie wieder mit dem Kahn zum Festland übersetzten, um ihre neue Bleibe anzusteuern.

Ja Ras und Pag Di lernen im Kloster die in Pali verfassten Worte Lord Buddhas zu lesen, zu verstehen, zu deuten und über das Gelernte zu reflektieren und zu meditieren. Sie lernen und sehen aber auch noch ganz anderes seit ihrer Ordination.

Da ist zum Beispiel ihre orange Kleidung, die immer sauber getragen werden muss. Jede Bewegung soll überlegt sein, und das Herumrennen in der Gegend wird nicht gerne gesehen. Sprechen dürfen sie nur wenn nötig und dann höflich und mit Respekt. Auch der Bambuswald will täglich gefegt und gesäubert sein. Eine andere Welt als die gewohnte, aber Ja Ras und Pag Di und all die anderen Novizen gewöhnen sich gut und rasch an die neue Umwelt und ihre Sitten. Zum Glück hat Pre Cha Chan, der Abt, Verständnis für die Bedürfnisse der neuen Tempelbewohner, und so findet einmal in der Woche ein Fussballspiel statt.

Auch das Werfen eines kleinen Steines mit der Absicht, einen bestimmten Punkt zu treffen, ist beliebt und auch erlaubt. Es schärfe die Präzision im Denken und im Tun, meint Pre Cha Chan.

Mit Sorgfalt aber achtet der Abt auf die Einhaltung der Vorschriften und der diversen traditionellen Regeln, die das Leben der Novizen bestimmen. Sie dürfen kein Leben auslöschen, nicht nehmen, was ihnen nicht gegeben wird, nicht lügen, keine Rauschgifte zu sich nehmen, die den Geist umnebeln, weder tanzen noch singen, keine Musik spielen, keine Kinos oder Theatervorstellungen besuchen, keine Kosmetik oder Parfums benutzen und vieles mehr ist strengstens geregelt. Für die Mönche ist das Leben noch strenger reglementiert. 227 Vorschriften müssen die Bhikkhus, wie die buddhistischen Mönche auch betitelt werden, befolgen. Armut, Enthaltsamkeit und Friedfertigkeit sind die drei Grundsätze, an die sie sich zu halten haben. Erlaubt ist ihnen nur eine Kutte, eine Almosenschale, ein Gurt, eine Nadel, ein Filter, um kleine Tiere aus dem Trinkwasser zu entfernen, und ein Rasiermesser, mit dem sie sich bei Voll- und bei Neumond den Kopf rasieren.

«Und stell Dir vor», meint Ja Ras zu Pag Di, «damals vor vielen Jahren, da lebten die Mönche noch unter freiem Himmel. Und weisst Du wieso? Weil das Leben im Kloster als Luxus empfunden wurde! Mönche durften damals auch kein Geld berühren oder gar besitzen, und das wenige, das sie besassen, mussten sie erbetteln. Und so kommt es auch, dass wir jeden Morgen nach der Meditation barfuss in aller Früh losziehen, wenn es hell wird, um unsere Nahrung zu erbetteln.»

Bisher hat Pag Di seinem Freund Ja Ras geduldig zugehört. Jetzt aber kann er die Neuigkeit, die er am Morgen vom Abt vernommen, nicht mehr länger für sich behalten, und es sprudelt aus ihm heraus: «Weisst Du, wer morgen auf Besuch kommt? Der Grossvater!» Akinjano nimmt den langen und beschwerlichen Weg auf sich und reist zu Fuss, mit dem Zug und schliesslich mit einem Überlandbus, um seinen Enkel und den Abt zu besuchen. Er will sich einer kleinen Abwechslung erfreuen und einige Tage in einem anderen Kloster verbringen. Zudem ist Akinjano seit seiner Kindheit mit Pre Cha Chan befreundet, und die beiden haben sich seit langem nicht mehr gesprochen. Akinjano und Pre Cha Chan stammen aus dem gleichen Dorf. Auf Drängen seiner Mutter ist Pre Cha Chan schon früh der Sangha

beigetreten, während Akinjano eine Familie gründete und sich dem Reisanbau widmete. So verschieden die beiden Leben auch verliefen, beide verbringen ihren Lebensabend als Mönche und widmen sich eingehend der Meditation. Zwei Fragen sind es, die Ja Ras brennend interessieren, und sollte sich die Gelegenheit ergeben, dann will er Pag Dis Grossvater folgendes fragen: «Wie ist es möglich, dass die Lehre Buddhas so grosse Verbreitung auf der ganzen Welt fand, und wie kommt es, dass die Bevölkerung den Sangha so grosszügig unterstützt?»

«Wieso die ganze Dorfgemeinde uns, die Novizen, Mae Chii und die Mönche, unterstützt und für unseren Unterhalt sorgt? Da musst Du nicht gleich beim Grossvater nachfragen, das kann auch ich Dir beantworten», meint Pag Di zu Ja Ras. «Mönche und Mae Chii haben in unserer Gesellschaft eine wichtige Stellung inne. Sie nehmen rituelle Handlungen im Dorf vor, halten religiöse Feiern im Kloster ab und übernehmen die geistliche Erziehung der Dorfbevölkerung. Mönche und Mae Chii leben einfach und bescheiden, studieren, widmen sich der Meditation

und vermitteln die Lehre Buddhas. Durch ihre Lebensweise zeigen sie der Bevölkerung den Weg ins Nibbana auf. Dafür bedankt sich die Bevölkerung bei den Mönchen und Mae Chii und sorgt für deren Nahrung und für ihr Wohl. Dank dieser gegenseitigen Verdienste wird unser Karma gereinigt. Karma ist das Gesetz von Ursache und Wirkung. Was wir in der Vergangenheit taten, hat uns zu dem gemacht, war wir jetzt sind. Was wir gerade im Begriff sind zu tun, wird uns so machen, wie wir in Zukunft sein werden.»

Der Buddhismus

Tags darauf haben Pag Di und Ja Ras endlich Gelegenheit, gemeinsam mit Akinjano unten am Fischteich zu sitzen und zuzuhören, wie der Buddhismus seine Verbreitung fand.

«Bald nachdem Lord Buddha ins Parinibbana eingegangen war, trafen Buddhas Schüler zusammen, um die Lehre Lord Buddhas zu ordnen und die Mönchsregeln zu besprechen. Bei einem weiteren Zusammentreffen gab es

Unstimmigkeiten bezüglich der Lebensführung der Mönche. In der Folge spaltete sich der Sangha, und es entstanden viele verschiedene Schulen und Glaubensrichtungen. Übriggeblieben sind der Theravada-, der Mahayana- und der Vajrayana-Buddhismus.»

«Und wo liegt der Unterschied zwischen Nibbana und Parinibbana?» fragt Pag Di.

«Das Ziel aller buddhistischen Lehren und Glaubensrichtungen ist es, ins Nibbana einzugehen», fuhr Akinjano fort. «Wie ihr beide inzwischen wisst, sind die Regeln für uns Mönche streng, und wir leben äusserst bescheiden. Der Theravada-Buddhismus ist die ‹Lehre der Alten›, und wir sind Anhänger dieser Lehre. Wir gehen davon aus, dass das Leben im Kloster die beste Voraussetzung ist für das Nibbana. Nibbana bedeutet ‹verwehen› und Parinibbana ist das ‹völlige Verwehen›.» Hier macht Akinjano eine lange Pause, beobachtet einen kleinen Fisch im Teich, trinkt etwas Tee und fährt dann mit seiner Erzählung fort:

«Zur Zeit, als Lord Buddhas Lehre eine immer grössere Anhängerschaft fand, lebte König Ashoka, einer der grössten Herrscher der indischen Geschichte. Ein schrecklich blutiger, erbarmungsloser Feldzug gegen das benachbarte Kalinga hinterliess nur Zerstörung, Schrecken und Leid. König Ashoka war entsetzt und mit Reue erfüllt. Er verbot von nun an die Kriegsführung, ermahnte seine Untertanen, auf Gewalt zu verzichten, liess Schulen und Krankenhäuser errichten und trat zum Buddhismus über. Gemeinsam mit seinem ganzen Volk.

Dann entsandte der König buddhistische Missionare nach Westen. Zu Wasser und zu Lande gelangten sie auf Handelsrouten bis nach Kaschmir, Syrien, Mazedonien, Afghanistan, zum Hindukusch, an die Höfe der Fürsten Griechenlands und nach Alexandria. Auf die südliche Insel Sri Lanka schickte König Ashoka seine Tochter Sanghamitta Theri und seinen Sohn Mahinda, um Lord Buddhas Lehre zu verkünden. In Indien und in Sri Lanka begründete Sanghamitta Theri daraufhin viele Nonnenklöster. Das buddhistische Kloster wurde zum Zentrum der Wissenschaft und der Erziehung. Die Auseinandersetzung mit dem Buddhismus bereicherte die Sprache der einheimischen

Bevölkerung, unterstützte die Schaffung literarischer Werke, kunstvoller Fresken und Skulpturen. Umgekehrt beeinflussten Elemente der ansässigen Kultur und der Ahnenkult die Philosophie und Psychologie des Buddhismus. Dank seiner Friedfertigkeit und seiner Toleranz gelangte der Buddhismus mit der Zeit auch in das heutige Myanmar, nach Laos, Thailand, Vietnam, Kambodscha, Korea, aber auch nach Japan und China, Indonesien, Sikkim, Mustang, Buthan, Ladakh, Nepal, ins Tibet und bis in die Mongolei.»

«Ja, Grossvater, das ist aber jetzt schon eine Weile her. Wie steht es heute um den Buddhismus und was war damals, als Du in meinem Alter warst?» fragt Pag Di. «Als ich noch ganz klein war», fährt der Grossvater fort, «da herrschte im Okzident eine grosse spirituelle Krise. Forscher, Schriftsteller, Religionswissenschaftler, Künstler und Philosophen begannen sich eingehend mit dem Buddhismus zu befassen. Sie kamen mit dem Schiff oder auf dem Lande von weit her, bereisten unsere Länder, studierten unsere Kultur und die Lehre Buddhas und übersetzten viele unserer Schriften in europäische Sprachen. Dann brachen zwei grosse und später viele kleinere Kriege über unsere Länder herein, es gab heftige Auseinandersetzungen. Viele Menschen leiden zum Teil bis heute an den schrecklichen Auswirkungen fremder Herrschaft und Interessen. Später hat man sich versöhnt, Gedanken ausgetauscht und ist sich nähergekommen. Und heute kommen Besucher aus aller Welt, interessieren sich für unsere Kultur, unsere Wertvorstellungen und unser Gedankengut. So fand der Buddhismus allmählich seine Verbreitung in alle Welt.»

Inzwischen ist die Nacht angebrochen. Es ist Vollmond und das überwältigende Firmament mit seinen unzähligen Sternen spiegelt sich im Fischteich. Das Quaken der Frösche und das Zirpen der Grillen wird zum Konzert.

Wie so oft an einem magischen Ort inmitten der Natur drehen sich die Gedanken der drei um das Verhältnis der eigenen Person zum unendlichen Universum. «Wusstest Du, dass ein Äon viel länger dauert als das Universum alt wird?» wendet sich Pag Di an seinen Grossvater. «Wie kommst Du denn darauf?» fragt Akinjano seinen Enkel und

fordert ihn auf, seine Überlegungen zu präzisieren. «Als ich hörte, dass Du uns besuchen kommst, ging ich zu unserem Abt Pre Cha Chan, um mich nach Deiner Ankunft zu erkundigen. Er sah meine Ungeduld, nahm mich zur Seite und erklärte mir das Wort Äon.

Ein Äon sei die Zeitdauer zwischen der Entstehung und dem Vergehen eines Weltsystems. Diese unvorstellbare Zeitdauer solle ich mir etwa so vorstellen: Aus Granit stehe ein Berg so gross wie der Himalaya. Einmal in jedem Jahrhundert käme ein Engel vorbei und streiche ein einziges Mal mit einem seidenen Tuch über den Berg. Ein Äon sei dann vergangen, wenn der grosse Berg durch diese unendlich vielen Berührungen abgetragen worden sei. Und dann beginne ein neues Äon. Immerzu folge ein Äon dem anderen. Ohne Anfang, ohne Ende, für immer und seit ewig schon.

Und Du würdest in vier oder fünf Tagen schon bei uns sein. Da sagte ich mir, Zeit ist eine relative Sache. Aber Pre Cha Chan erzählte mir noch mehr und brachte mich zum Nachdenken. Schon vor Lord Buddha hatte es Buddhas ge-

geben, es würden auch in Zukunft Buddhas wiedergeboren werden und der kommende Buddha würde Maitreya heissen. Und weil ein Äon so lange dauert, bin ich der Meinung, dass ein Äon um einiges länger währt als das Universum.»

Der Grossvater beginnt zu lachen, weiss aber auch keine Antwort. Da es bereits spät ist, meint er zu Pag Di und Ja Ras: «Bevor wir bis an die Grenzen des Universums vordringen und ihr schlafen geht, will ich Euch noch eine amüsante Geschichte erzählen.»

Human Imagery Museum

«Auf dem Weg hierher ins Kloster im Bambuswald machte ich halt im Human Imagery Museum. Dort sind die Königsfamilie und verdienstvolle Mönche ausgestellt. Die aus Kunststoff angefertigten Figuren sahen aus wie echt. Ruhig sassen die Mönche bei karger Beleuchtung und widmeten sich der Meditation. Sie wirkten so lebendig, dass ich dach-

te, sie gingen nach Beendigung ihrer Meditation zurück ins Kloster. Die Besucher verbeugten sich vor den noblen Würdenträgern, verblieben für einen Moment in Stille und taten ihre Ehrerbietung und Huldigung kund. Am Eingang des Ausstellungsaals sassen zwei Leute. Eine Frau, wahrscheinlich die Sekretärin des Hauses, und ein Zeitung lesender Herr mittleren Alters. Ich sah mich weiter um im eindrucksvollen Museum und war fasziniert von der kunstvoll modellierten Königsfamilie, vom jetzigen König und allen Königen vor ihm. Ich verweilte dort gute vier oder fünf Stunden, bevor ich mich wieder auf den Weg machen wollte. So spazierte ich langsam zum Ausgang und blickte mich noch einmal um. Da sassen sie noch immer, die Sekretärin und der Zeitungsleser. Genau wie vor fünf Stunden schon. Bewegungslos. Mit einem Mal wurde mir klar: Auch Sekretärin und Zeitungsleser waren aus Kunststoff!»

Festivals

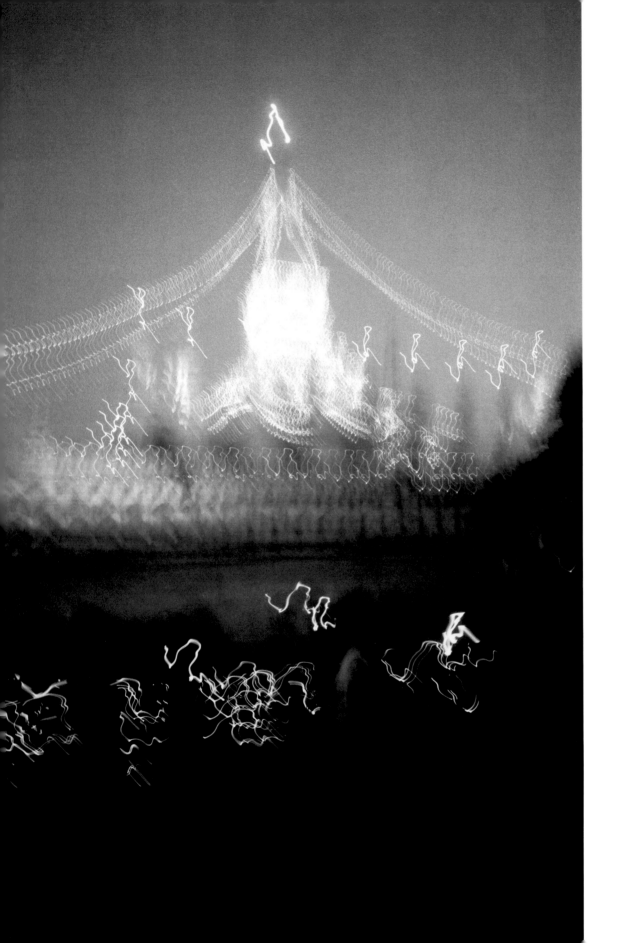

Mae Chii

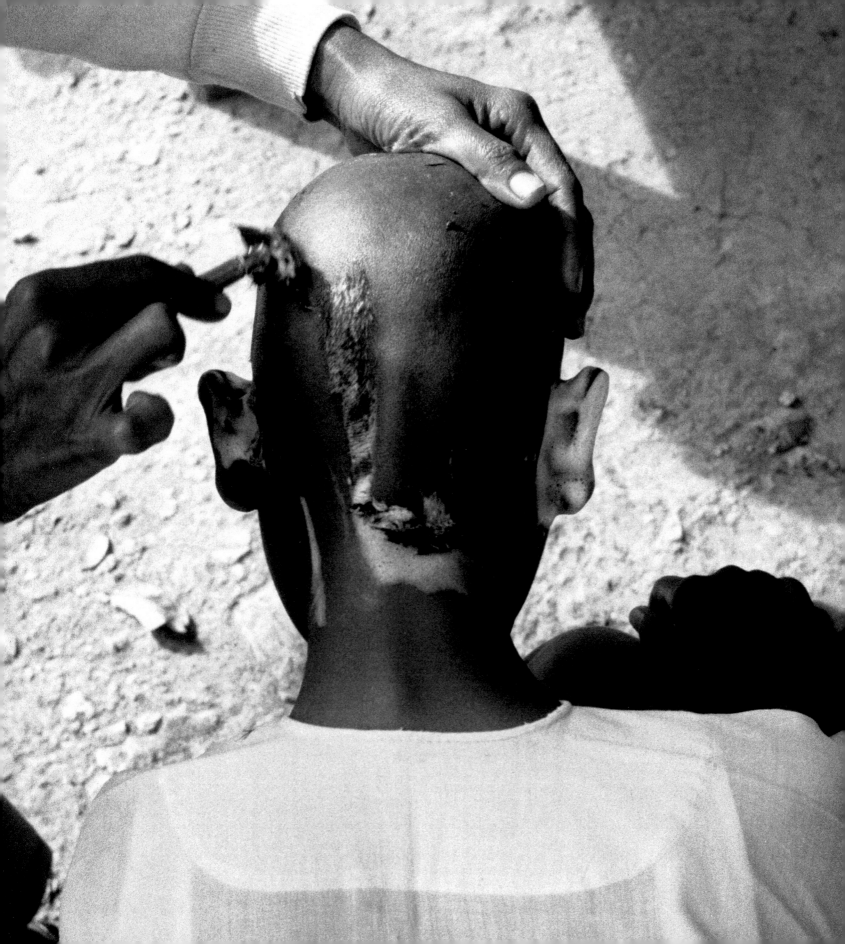

«Mae Chii»
Aufzeichnungen von Beat Presser

Inzwischen bin ich in Phnom Penh angelangt, der letzten Station meiner fünfjährigen Reise durch Indien und Südostasien.

Ich bin nach Kambodscha gekommen, um Angkor Wat zu besuchen. Die im 12. Jahrhundert errichtete Tempelanlage war ursprünglich ein hinduistisches Bauwerk. Nachdem sich die Khmer aber allmählich dem Buddhismus zugewandt hatten, spielte die Tempelanlage auch für Buddhisten eine wichtige Rolle. Erzählungen und Bilder von den sagenumwobenen Tempeln haben mich immer wieder in ihren Bann gezogen. In Angkor Wat beabsichtigte ich meine fotografische Arbeit für dieses Buch abzuschliessen.

Zudem wollte ich mehr über Frauen, die im Kloster leben, und deren Stellung in der Gesellschaft erfahren. Als Zeichen dafür, dass sie das weltliche Leben hinter sich gelassen haben, tragen sie weisse Kleidung, haben den Kopf geschoren und leben enthaltsam. Die Frauen, sie werden Mae Chii genannt, sind aber dennoch nicht voll ordinierte Nonnen, und ihre Stellung in unserer männerorientierten Gesellschaft ist nicht unumstritten.

Am Flughafen von Phnom Penh setze ich mich ins Taxi und fahre zu Poretti, einem befreundeten Fotografen, der in Phnom Penh lebt. Er ist kurz angebunden, muss zum nächsten Termin, gibt mir aber einen guten Rat: «Nimm ein Taxi und fahr nach Kampong Thom; dort findest Du alles, was Du suchst.» Wir verabreden uns für später am Abend, und ich nutze die Gelegenheit, mir Phnom Penh genauer anzuschauen. Mit einem Roller kurve ich durch die Stadt. Das Strassenbild ist faszinierend, ich gliedere mich problemlos ein in das geruhsame Jetzt.

Schwer zu glauben, dass die Stadt während Pol Pots blutrünstigem Khmer-Rouge-Regime wie leergefegt war. Im April 1975 hatten die Khmer Rouge die Stadt eingenommen. Die zwei Millionen Bewohner von Phnom Penh wurden entweder umgebracht, ins Konzentrationslager oder aufs Land geschickt und zur Zwangsarbeit gezwungen. Phnom Penh verwandelte sich innerhalb weniger Tage und auf Jahre hinaus in eine Geisterstadt. Pol Pot beabsichtigte, das Land in eine blühende kommunistische Zukunft zu führen. Religion und Geld wurden abgeschafft, Bücher verbrannt und ein grosser Teil der Bevölkerung wurde eliminiert. Wer eine Schulbildung besass, Lehrer oder Arzt war oder als Intellektueller galt, wurde umgebracht. Alles mit dem Ziel, den steinzeitlichen Agrarkommunismus zu realisieren. Heute ist das Gespenst aus der Welt. Aber das Gedächtnis und erschütternde Filmdokumente erinnern an jene Zeit der Schreckensherrschaft und die einstige Geisterstadt.

Unweit vom Königspalast mache ich halt und parkiere meinen japanischen Roller. Viele Waisenkinder und kriegsversehrte Erwachsene erbetteln hier ihr Dasein. Unweit davon steht ein imposantes Kloster mit einem riesigen goldenen Buddha. Am Eingang treffe ich einen Mönch. Wir kommen ins Gespräch. Er stellt sich als Vannak Nem vor und lädt mich in seine Kuti ein. Ich zeige meine fotografischen Notizen, erzähle ihm von meinen Begegnungen mit Frauen in buddhistischen Klöstern in Thailand, Myanmar und Sri Lanka und von einer Mae Chii, die befähigt ist, im Wasser liegend zu meditieren. Vannak Nem begutachtet meine Arbeit, lächelt mich an und meint: «Du musst unbedingt mein Dorf besuchen. Dort kenne ich die Gegend, jedes Kloster, jeden Mönch, jeden Novizen. Und meine Mutter, sie ist eine Mae Chii und lebt auch im Kloster.» Wir verabreden uns für den kommenden Dienstag, und bevor ich mich verabschiede, frage ich noch nach dem Ziel unserer Reise: «Unweit von Kampong Thom», meint Vannak Nem.

Die Idee, am Dienstag aufs Land zu fahren, hat Gefallen gefunden. Vannak Nem ist nicht nur mit mir, sondern mit einem Teil seiner Sippschaft verabredet. Vannak Nems Tante, drei Freundinnen der Mutter und ein weiterer Mönch warten ebenso geduldig wie wir beide, bis der Taxifahrer all seine Körbe in und auf und um das Auto herum angebracht hat. Der Taxifahrer ist zugleich Gemüsehändler, und als wir uns schliesslich zu acht ins Taxi zwängen, ist es etwas eng. Von Phnom Penh aus fahren wir ins ländliche Kambodscha. Reisfelder soweit die Fantasie und das Auge reichen. Dazwischen immer wieder Klöster, die renoviert werden. Mönche und Handwerker arbeiten hier Hand in Hand und stellen die unter dem Pol-Pot-Regime verbotenen und zerstörten Klöster wieder her.

Gegen Abend treffen wir im Kloster ein. Ein Kloster, umgeben von Kokospalmen, inmitten von Reisfeldern. Mit Ziehbrunnen und Kerzenlicht. Hier ist Vannak Nem gross geworden. Im Dorf gab es damals keine Schule, also zog er ins nahe buddhistische Kloster. Er wurde Novize, lernte Lesen und Schreiben und zog später nach Phnom Penh, um seine Studien fortzusetzen.

Es ist bereits spät und noch über 35 Grad warm, als wir uns auf dem Holzboden des Tempels unter Moskitonetz und freiem Himmel zur Ruhe legen. Am nächsten Morgen spaziere ich durch die Klosteranlage. Im Kloster wohnen auch Vannak Nems Mutter und seine Cousine Singasiri. Die Mönche sind bereits mit ihrer Almosenschale unterwegs, und die Bauern vom Dorf sind früh zu ihren Feldern aufgebrochen. Kinder spielen, eine ältere Mae Chii rezitiert Verse. Vannak Nem empfängt Besuch aus dem Nachbardorf. Die Mae Chiis hacken das Holz, entfachen ein Feuer, rösten Erdnüsse, waschen die Wäsche, bestellen den Garten, arrangieren Blumen. Im ersten Stock des Klosters lernen junge Mae Chiis lesen und schreiben.

Im Kloster im Reisfeld lebe ich ein zeitloses und intensives Leben. Bereits vor Sonnenaufgang bin ich unterwegs, nehme an Meditationen, Rezitationen und am Alltagsleben teil. Und fotografiere. Vannak Nem nimmt mich auch in andere Klöster mit, stellt mich den verschiedensten Persönlichkeiten und den Dorfältesten vor. Mit der Zeit kann ich mir ein besseres Bild machen vom Leben der Frau im Kloster. Dennoch bleibt mir vieles verborgen. Aber vielleicht ist das auch ganz gut so.

Es ist Singasiri, die mich auf diesen Gedanken bringt. Sie lebt seit ihrem siebten Lebensjahr im Kloster und ist inzwischen 33 Jahre alt. Bei einem unserer vielen gemeinsamen Spaziergänge erzählt sie mir, dass sie ab und zu mit dem Gedanken spiele, ins Alltagsleben zurückzukehren. Aber sie sei zum Schluss gekommen, dass dies unrealistisch sei. Hier im Kloster könne sie ungestört ein selbstbestimmtes Leben führen. Studieren, meditieren und ihrem Tageswerk nachgehen. Frei von familiären und wirtschaftlichen Zwängen. Auch wenn sie nicht die gleichen Rechte und Möglichkeiten habe wie ordinierte Mönche, lebe sie dennoch ein zufriedenes und erfülltes Dasein. Hier im Kloster habe sich für sie eine Oase der Stille offenbart.

Glossar

Angkor Wat
Im 12. Jahrhundert unter König Surjavarman II.
erbaute Tempelanlage im heutigen Kambodscha.

Anuradhapura
Stadt im Norden Sri Lankas.

Asket
Askese, ein auf Enthaltsamkeit ausgerichtetes Dasein.
Dem Asketen werden oft übersinnliche Kräfte und
Fähigkeiten zugesprochen.

Äon
Zeitalter. Dauer zwischen der Entstehung und
dem Vergehen eines Weltsystems.

Bhikkhu
Ordinierter Mönch.

Bodh Gaya
Stadt in Indien im Staate Bihar. Hier erblickte Lord
Buddha die grosse Wahrheit und wurde ‹der Erwachte›.

Brahma
Indischer Gott. Stellt das Prinzip der Schöpfung dar.

Buddhismus
Die Lehre Buddhas. Gilt als Religion, Philosophie
und Weisheitslehre.

Bodhisattva
Von ‹Bodhi› (Erwachen, Erleuchtung) und ‹Sattva›
(Wesen) = das Wesen auf dem Wege zur Erleuchtung.

Dhamma
Die Lehre Buddhas. Beinhaltet die Erfahrung
des Erwachens und den Weg dorthin.

Ganesha
Hinduistische Gottheit. Sohn Shivas und Parvatis
mit menschlichem Körper und Elefantenkopf.

Human Imagery Museum
Museum in der Nähe von Nakhonpathom in Thailand.
Ausgestellt sind in Kunststoff gegossene Mönche,
Mitglieder der Königsfamilie und Ereignisse aus der
Geschichte Thailands.

Kampong Thom
Stadt in Kambodscha.

Kuti
Behausung.

Lotusblume
Symbol der Reinheit.

Mae Chii
Name der buddhistischen Nonnen in Thailand.
Jedes Theravadaland hat einen anderen Namen für die
buddhistischen Nonnen. Im vorliegenden Buch
wird der thailändische Ausdruck ‹Mae Chii› benutzt.

Mahayana
Eine der drei Hauptrichtungen des Buddhismus.
Auch das ‹Grosse Fahrzeug› genannt.

Maitreya
Buddha des kommenden Zeitalters.

Mahabalipuram
Stadt im Staate Tamil Nadu in Indien,
südlich von Chennai.

Max Müller Bhavan
Name der Goethe-Institute in Indien.

Meditation
Konzentrationsübung mit dem Ziel,
den Bewusstheitszustand zu verändern.

Mekong
Whiskeyähnliches Getränk.

Nibbana
Erlöschen. Endziel des buddhistischen Strebens und
zugleich die Befreiung von zukünftigen Wiedergeburten.

Ordination
Mönchsweihe für buddhistische Novizen und Mönche.

Osaka
Stadt in Japan.

Pagode
Tempel. Symbol für die Lehre Buddhas.
Auch als ‹Stupa›, ‹Cedi›, ‹Dagoba›, ‹Prang›
oder ‹That› bezeichnet.

Parinibbana
‹Das völlige Nibbana›. Erlöschen in Verbindung
mit dem Ableben des Erwachten.

Raga
Grundstruktur der klassischen indischen Musik.

Sangha
Mönchsgemeinde.

Shiva

Indischer Gott. Schöpfer und Zerstörer zugleich.

Sukhothai

Ehemalige Hauptstadt des Königreichs Siam und des Königreichs der Khmer im 13. Jahrhundert. Im heutigen Thailand gelegen.

Tai Chi

Asiatische Kampf- und Meditationsform.

Theravada-Buddhismus

‹Die Lehre der Alten›. Eine der drei Hauptrichtungen des Buddhismus.

Three Pagoda Pass

Pilgerstätte im Urwald von Myanmar, unweit der thailändischen Grenze.

Tuk Tuk

Transportmittel mit drei Rädern.

Vajrayana

‹Das Diamantene Fahrzeug›. Neben dem Theravada und dem Mahayana eine der drei buddhistischen Glaubensrichtungen.

Vollmond

Dem Vollmond kommt im Buddhismus eine wichtige Rolle zu. Jeweils in einer Vollmondnacht im Mai wurde Gautama Siddhartha geboren, wurde er ein ‹Erwachter› und ging ins Parinibbana ein.

Yangon

Hauptstadt von Myanmar.

Impressum

© 2005 Benteli Verlags AG, Wabern/Bern
© 2005 Beat Presser für Fotografien und Text
www.beatpresser.com

Konzept und grafische Gestaltung: Beat Presser
Organisation in Asien: Pacharin Raksakul, Kojchakorn Buachai
Redaktionelle Mitarbeit: Lalo Jodlbauer
Fachlektorat: Dr. Martin Seeger
Lektorat: Christine Flechtner, Benteli Verlag
Grafische Mitarbeit und Satz: Vera Pechel
Fotolithografie: Atelier Urs & Thomas Dillier, Basel
Druck und Bindung: GCC Grafisches Centrum Cuno, Calbe

Kameras: Leica und Hasselblad
Filmmaterial: Ilford

ISBN 3-7165-1396-2
ISBN 978-3-7165-1396-5

Benteli Verlags AG
Seftigenstrasse 310
CH – 3084 Wabern/Bern
Tel +41 (0)31 960 84 84
Fax +41 (0)31 961 74 14
info@benteliverlag.ch
www.benteliverlag.ch